Andrea Pek

Lustige Maskenparade

Kinder basteln Masken
aus Tonpapier und Tonkarton

Mit Vorlagen
in Originalgröße

Augustus Verlag

Vorwort

Liebe Bastlerin, lieber Bastler!

Ich begrüße dich ganz herzlich im Reich der bunten Masken!

Daß du dir dieses Buch gewünscht hast, zeigt, wie gern du deine Freizeit mit Bastelarbeiten verbringst. Nicht immer lockt das Wetter zum Spielen im Freien. Mit Hilfe dieses Buches kannst du mit deinen Freunden besonders an kalten oder nassen Tagen ganz unterschiedliche Masken basteln. Mit den Masken könnt ihr dann Geschichten erfinden und sie nachspielen. So kann das Buch helfen, die langen Winterabende lustiger und farbiger zu gestalten.

Die Winterzeit ist natürlich auch die Zeit des Karnevals mit lustiger Verkleidung und fröhlichen Umzügen und Festen. Ich bin fast sicher, daß diese Zeit auch dir besonders viel Spaß bringen wird.

Als ich selbst noch ein Kind war, bin ich auch sehr gern in ein »anderes Wesen« geschlüpft und habe mich in einen Bären, einen Hasen, einen Indianer oder in eine Königin verwandelt.

Aus preiswerten Materialien lassen sich die verschiedenen Masken leicht nachbauen. In diesem Buch wirst du eine große Anzahl von Ideen finden.

Wenn du die Fotos betrachtest, wirst du auch kompliziertere Masken entdecken. Der Schwierigkeitsgrad ist in den Hinweisen zu jeder Maske angegeben. Möglicherweise findest du bei deinen Eltern, Großeltern oder älteren Geschwistern Hilfe.

Die Umrisse der Maskenteile sind überwiegend in Originalgröße auf dem beigefügten Vorlagebogen abgebildet. Wenn du den Arbeitsanleitungen aufmerksam folgst,

kannst du leicht und schnell die ausgewählte Maske zusammenstellen. Bei einigen Masken mußt du darauf achten, ob die Augenöffnungen für dich passen. Notfalls muß dann ein bißchen korrigiert werden. Du kannst aber eine Maske übungshalber zuerst nur aus Zeitungspapier ausprobieren.

Zu den Masken findest du bestimmt auch geeignete Kleidungsstücke. Eine Maskerade kann natürlich auch außerhalb der närrischen Tage Spaß machen, z.B. bei Geburtstagen, Festen in der Schule oder bei der Aufführung kleiner Theaterstücke. Wer steckt wohl hinter dem Gesicht des Chinesen, der Schlange oder des Bären?

Versuche es zu erraten, viel Spaß dabei!

Deine Andrea Pék

Inhalt

Material und Hilfsmittel

Arbeitsunterlage

Ich empfehle eine große, möglichst dicke Pappe als Arbeitsunterlage, egal ob du am Tisch oder auf dem Boden arbeitest.

Tonpapier

Das Grundmaterial der Masken ist Tonpapier (130 g/m²). Wenn du diesen Wert angibst, weiß man im Fachgeschäft, wie dick das Tonpapier oder der Tonkarton sein muß, den du brauchst. Man kann es in allen Schreibwarengeschäften in den Standardformaten DIN A 3 (= 29,7 x 42 cm) und DIN A 4 (= 29,7 x 21 cm) erwerben.

Die Auswahl an Farbtönen ist sehr vielfältig. So lassen sich alle Vorstellungen verwirklichen: von der naturgetreuen Farbgestaltung bis zu phantastischen, selbsterdachten Farbzusammenstellungen.

Tonkarton

Für einige Masken wird auch Tonkarton benötigt. Die Stärke entspricht etwa dem Postkartenkarton (180 g/m²). Damit werden die robusteren Masken angefertigt. Tonkarton gibt es in den gleichen Farben wie Tonpapier. Für die meisten Masken wäre der Karton aber zu steif, deshalb darfst du ihn nicht anstelle des Tonpapiers verwenden.

Bleistift

Am besten eignet sich ein sehr weicher Bleistift (z.B. 2B). Er wird zum Abpausen der Vorlagen benötigt. Die Spitze des Bleistiftes sollte schon etwas abgerundet sein, so kannst du schneller den Linien auf dem Vorlagebogen folgen.

Transparentpapier

Das Transparentpapier benötigst du zum Abpausen der Motive. Anstelle von Pergamentpapier kannst du auch Backpapier verwenden, das vielleicht schon zu Hause vorhanden ist.

Bürolocher

Den Bürolocher brauchst du entweder zum Durchlochen des Maskenrandes für die Befestigung des Hutgummis oder für das Herstellen kleiner runder Verzierungen, z.B. beim »Dämon aus der Südsee«.

Scheren

Eine große Papierschere findest du sicherlich bei dir zu Hause. Mit ihr werden die Motive aus dem Tonpapier großzügig herausgeschnitten. Für die Feinarbeit und Innenausschnitte eignet sich eine kleine Nagelschere besser. Diese darf jedoch nicht gebogen sein.

Klebstoff

Am einfachsten läßt es sich mit einem Klebstoff arbeiten, der nicht allzu zähflüssig ist. Damit du deine Arbeit nach kurzer Zeit fortsetzen kannst, muß der Klebstoff fest und schnell kleben. Arbeite aber auf keinen Fall mit Sekundenklebstoff, denn schon ein Tropfen auf der falschen Stelle oder an deinen Händen ist gefährlich. Ich empfehle Alleskleber.

Hutgummi

Den Hutgummi benötigst du zum Tragen der Maske.

Lochverstärkungsringe

Der Hutgummi wird am Maskenrand durch zwei mit einem Bürolocher hergestellte Löcher gezogen. Um den Löchern eine größere Festigkeit zu verleihen, werden sie mit den Ringen verstärkt.

Lineal

Einige Linien müssen beim Abpausen der Motive exakt mit einem Lineal nachgezogen werden. Außerdem wird es bei der später noch erklärten Technik des Anritzens benötigt. Ein Lineal hilft auch beim Umknicken. Es wird an die Knicklinie angelegt, und das Papier wird ganz einfach an dieser Linie abgeknickt.

Allerlei

Für die Gestaltung einiger Masken benötigst du außer Tonpapier noch verschiedene Materialien, wie z.B. Tischtennisbälle, Schaschlik-Stäbchen u. ä.

Klammern (Büro- und Wäscheklammern)

Die Klebestellen kannst du mit Wäsche- oder Büroklammern fixieren, um sie nicht so lange mit den Fingern festhalten zu müssen.

Heftklammern

Mit Heftklammern kannst du sehr gut die Enden des Hutgummis verbinden.

Musterklammern

Mit Hilfe dieser Klammern (sie werden zum Verschließen von Versandtüten gebraucht) können zwei Teile beweglich miteinander verbunden werden. Die Klammern haben dann die Funktion eines Scharniers, wie du es bei der Rittermaske finden wirst.

Wie kannst du die Arbeit am besten anpacken?

Der Arbeitsplatz

Für die Bastelarbeit benötigst du vor allem einen großen Tisch zum Auflegen des Vorlagebogens und für dein Arbeitswerkzeug. Sollte kein großer Tisch zur Verfügung stehen, so kannst du die Motive auch auf dem Boden abpausen. Dabei darfst du aber auf keinen Fall direkt auf dem Teppich arbeiten. Unabhängig davon, ob du auf dem Tisch oder auf dem Boden arbeitest, muß immer eine große Pappe als Arbeitsunterlage verwendet werden.

Das Abpausen

Für das Abpausen der Motive zur Herstellung der Schablonen benötigst du den weichen Bleistift, das Transparentpapier und natürlich den Vorlagebogen.
Vor Arbeitsbeginn ist es ratsam, die verschiedenen Teile der Maske auf dem Vorlagebogen zu suchen. Wenn du alle Einzelteile gefunden hast, kannst du das Transparentpapier auf den Vorlagebogen legen und jedes Motiv mit dem Bleistift abpausen. Achte darauf, daß du

jede Linie, auch die Knick- und Schnittlinien und die Ränder oder Zacken für die Klebestellen, genau abzeichnest.

Jedes Teil erhält den angegebenen Buchstaben, um es beim Übertragen auf das Tonpapier nicht zu verwechseln. Auf jedem Motiv steht die Anzahl der benötigten Teile (z.B.2x).

Diese Schablonen werden ausgeschnitten, auf das Tonpapier der in der Beschreibung angegebenen Farbe gelegt und mit dem weichen

Zu zweit und hochkonzentriert bei der Bastelei. Noch besser wäre ein größerer Tisch

Bleistift nachgezeichnet. Die dabei entstehenden Teile werden sorgfältig ausgeschnitten, denn es sind schon die Teile deiner Maske!

Mein Tip:

Wenn die Möglichkeit besteht, können kleinere Motive auch anstelle des Abpausens kopiert werden. Die Schablonen einer Maske lassen sich gut in einem großen Briefumschlag aufbewahren. Vielleicht möchtest du dieselbe Maske später noch einmal basteln, oder deine Freunde haben Interesse an den Schablonen. So sparst du dir beim nächsten Mal die Zeit für das Herstellen der Schablonen.

Spiegeln (auch »kontern« genannt) und Mehrfachnutzung von Vorlagen

Bei einigen Teilen, z. B. bei den Maskengrundformen (oder auch Grundmaske genannt), ist auf dem Vorlagebogen nur eine Hälfte angegeben, sie müssen also gespiegelt (gekontert) werden. Du erkennst diese Teile an der gestrichelten Linie (- - - -). Diese Linie gibt die Mittelline des gesamten Teiles an. Um das vollständige Teil zu erhalten, legst du die Schablone zuerst mit der Vorderseite nach oben auf das Tonpapier und zeichnest alle Umrisse nach. Dann kannst du die Schablone einfach entlang der Linie umklappen, so daß sie mit der Vorderseite nach unten zeigt. Zeichne nun die Umrisse noch einmal mit dem Bleistift nach, so erhältst du als Ergebnis das vollständige Teil.

Bei vielen Vorlagen sind Bezeichnungen wie 2x, 3x usw. Das bedeutet, daß diese Vorlagen mehrfach für Teile gebraucht werden. Falls ein Teil, z.B. ein Auge, seitenverkehrt gebraucht wird, mußt du es nur von der anderen Seite aufkleben.

Der Schnitt

Für das Schneiden brauchst du eine Papierschere und eine kleine gerade Nagelschere.

Mehrfachnutzung seitenverkehrt. Das ist ohne weiteres möglich, weil die Tonpapiere bzw. Tonkartone beidseitig die gleiche Farbe und Struktur haben.

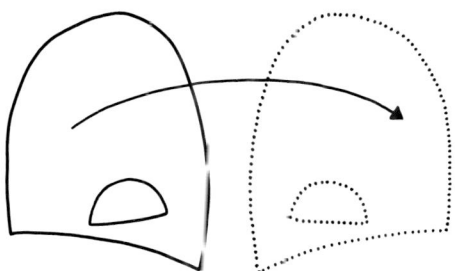

Nachdem das Motiv auf das Tonpapier übertragen wurde, wird es zuerst grob ausgeschnitten, so daß noch etwas Rand stehen bleibt. Da dein Teil nun kleiner ist, geht das sorgfältige Ausschneiden leichter, weil du den großen Papierbogen nicht mehr drehen mußt. Für den endgültigen Schnitt wählst du eine Schere, mit der du am besten zurecht kommst, z.B. die einfache Papierschere.

Für Innenausschnitte oder sehr feine Schneidearbeiten benutzt du die kleine gerade Nagelschere.

Bei Innenausschnitten ist es günstiger, zunächst in die Mitte der auszuschneidenden Fläche einzustechen und von dort aus entlang der Schnittlinie zu arbeiten.

Achte beim Schneiden unbedingt auf deine Finger! Vielleicht kannst du ältere Geschwister oder Freunde beim Schneiden um Hilfe bitten.

Mein Tip:

Wenn bei kleinen Teilen ein Innenausschnitt notwendig wird (z.B. bei einem Augenring), sollte zuerst der Innenausschnitt erledigt werden und erst danach die äußere Form des Teiles. So wird der Innenausschnitt etwas einfacher.

Das Kleben

Ein guter Klebstoff ist sehr wichtig. Es sollte immer auf die Fläche Klebstoff aufgetragen werden, die aufgeklebt werden soll. Niemals beide Flächen mit Klebstoff bestreichen!

Etwas Übung braucht man, um die richtige Klebstoffmenge aufzutragen: Benutzt du zu viel, so fließt er am Rand der Klebestelle heraus, und deine Arbeit wird nicht sauber. Wenn es aber zu wenig ist, klebt der Rand nicht richtig an, er wird später abstehen und die Arbeit sieht auch nicht gut aus.

Am zweckmäßigsten arbeitet es sich mit einem Streichholz. Mit ihm kannst du den Klebstoff gleichmäßig auf die Klebefläche auftragen. Gib eine kleine Menge Klebstoff auf ein Blatt Papier, übertrage ihn von dort mit dem Streichholz und verstreiche ihn auf die Klebefläche.

Neben der Arbeitsanleitung findest du eine Abbildung der Maskengrundform, kurz auch Grundmaske genannt. Auf der sind alle Klebestellen für die einzelnen Teile besonders markiert. Auch bei allen anderen Teilen der Maske sind die Klebeflächen gekennzeichnet.

Das Kräuseln

Einzelne Haarsträhnen aus Papier lassen sich sehr gut kräuseln, indem du sie über die Schneide einer Schere ziehst. Dabei darfst du die Strähnen aber nicht versehentlich abreißen.

Das Anritzen

Durch Anritzen erleichterst du dir das Abknicken des Tonpapiers bzw. Tonkartons. Entlang der betreffenden Knickstrecke wird das Papier bzw. der Karton mit einer geschlossenen Scherenspitze vorsichtig angeritzt - nicht eingeritzt! Hierbei empfehle ich dir, ein Lineal als Führung zu verwenden. Danach läßt sich das Teil leicht nach unten abknicken (siehe Zeichnung). Die angeritzte Seite bestimmt also die Außenseite deiner Bastelarbeit!

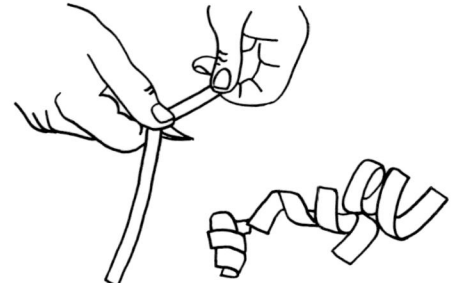

Das Befestigen des Gummibandes

Damit du deine Maske auch tragen kannst, wird sie an jeder Seite mit zwei Löchern versehen, durch die dann der Hutgummi gezogen werden kann. Die Länge des Gummis hängt von deinem Kopfumfang ab, und wie weit die Maske zum Hinterkopf reicht. Der Gummi wird durch die beiden Löcher am Rand gezogen und verläuft hinter dem Kopf doppelt. Die beiden Gummienden kannst du verknoten oder zur besseren Haltbarkeit mit Heftklammern zusammentackern. Die Maske sollte gut sitzen, aber der Gummi darf auch nicht zu fest sein.

Wenn du keine Löcher in der Maske haben willst, kannst du auch kleine abgewinkelte Halterungen aus Tonkarton ankleben, wie das die Zeichnung zeigt. Bitte deine Mutter oder ältere Geschwister um Hilfe.

Was bedeuten die verschiedenen Linienarten?

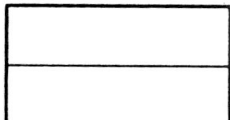

Entlang dieser dicken durchgezogenen Linie wird mit der Schere geschnitten. Durchgezogene Linien, die dünner sind, dürfen nicht eingeschnitten werden, es sei denn, es ist eine kleine Schere extra dazu gezeichnet. Sie markieren nur den Abschluß von Klebeflächen o. ä.

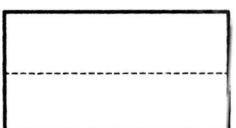

Diese unterbrochene Linie findest du bei solchen Teilen, die gespiegelt werden müssen. Entlang dieser Linie klappst du die Schablonen um.

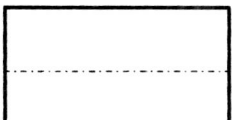

An diesen Strich - Punkt - Linien müssen die Teile geknickt werden.

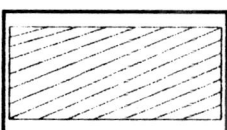

Durch diese Flächen werden Klebeflächen bezeichnet.

Die Zacken kennzeichnen Klebeflächen, die zusätzlich noch abgebogen werden müssen. Sie befinden sich meistens an runden oder gebogenen Teilen.

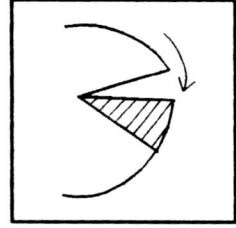

Diese Teile werden überlappend verklebt. Die schraffierte Fläche wird mit Hilfe eines Streichholzes mit Klebstoff bestrichen, und darauf wird das andere Ende geklebt. Das Teil erhält somit eine gewölbte Form.

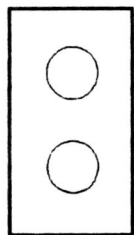

Die beiden Löcher geben die Stelle an, durch die du den Hutgummi zur Befestigung der Maske ziehen mußt bzw. wo du die Halterung für die Gummis aufkleben mußt.

Tiermasken

Der listige Fuchs

Einfach und schnell
Vorlagen: a bis g, Bogen A

Das besondere an dieser Maske ist die Herstellung der Schnauzenspitze. Dazu benötigst du schwarze Plastikfolie, z.B. von einer Einkaufstüte und Watte oder winzige Stückchen eines zerfaserten Papiertaschentuches. Zuerst schneidest du aber wie gewohnt alle Teile aus dem Tonpapier der gegebenen Farbe aus (zinnoberrot: a, b, g; dunkelbraun: f, h; schwarz: e und weiß: d).

Dann formst du die lange Schnauze. Klebe sie aus dem Teil b zu einem spitzen Kegel an den Seiten zusammen und biege die Klebezacken nach außen. An der Spitze des Kegels bleibt ein Loch, in das der Schnurrbart d und zuletzt die schwarze Schnauzenspitze gesteckt werden. Die einzelnen Barthaare werden eingeschnitten und gekräuselt. Du kannst sie auch in der Öffnung des Kegels festkleben. Für die schwarze Nasenspitze schneidest du - wie oben bereits gesagt - aus schwarzer Folie das runde Teil aus c. In dessen Mitte legst du ein Häufchen Watte oder Schnipsel von einem Papiertaschentuch und drehst die runde Folie so zusammen, daß ein Kügelchen von gut 1 cm Durchmesser entsteht: das ist die kleine schwarze Knollennase. Die steckst du dann, wie auf dem Foto zu sehen ist, in die Öffnung des spitzen Schnauzenkegels. Sollte sie rutschen, kannst du sie festkleben.

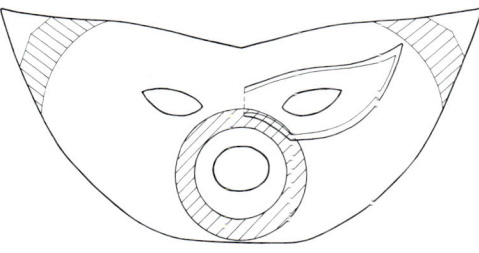

Für die Augen klebst du nacheinander die Teile e und f auf die Maskenform a, so daß die Augenöffnungen übereinander liegen.

Zum Schluß werden die Ohren aus den Teilen g und h fertiggestellt. Die beiden Teile klebst du zuerst aufeinander. Dabei müssen die Einschnitte übereinander liegen. Jetzt kannst du die Ohren an den Einschnitten überlappend zusammenkleben und sie abschließend an den gekennzeichneten Stellen der Maskengrundform befestigen.

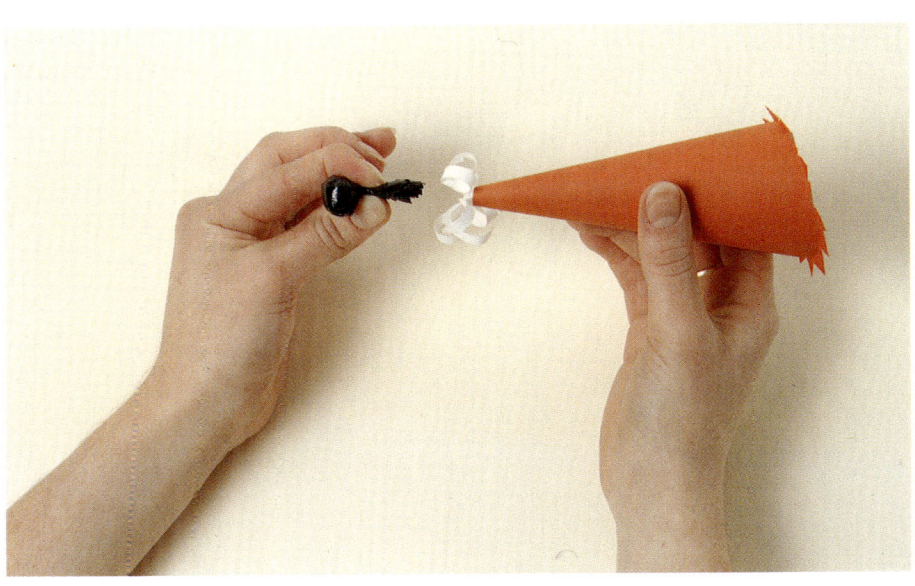

Der zähnefletschende Wolf

**Etwas schwieriger und zeitaufwendiger
Vorlagen: a bis k, Bogen A**

Zuerst werden die einzelnen Motive abgepaust und auf das Tonpapier der angegebenen Farbe übertragen (hellgrau: a, c, h, j; schwarz: b, e, f, i, k; weiß: d und rot g).

Nach dem Ausschneiden klebst du das Gesicht b so auf die Maskengrundform a, daß die Öffnungen für Augen, Nase und Schnauze übereinander liegen.

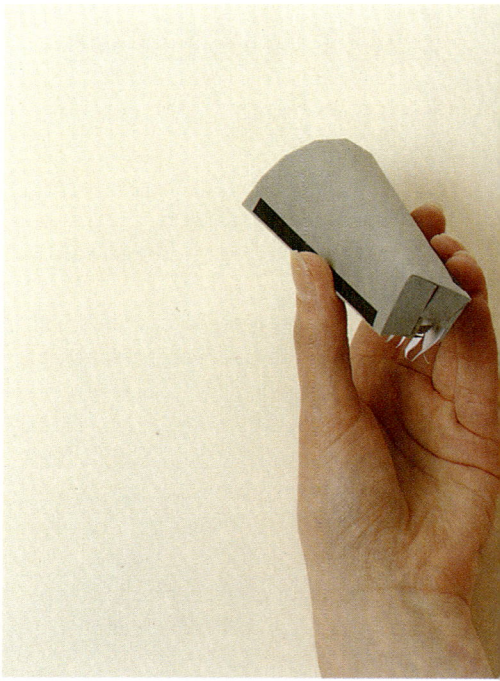

Für den oberen Teil der Schnauze machst du zunächst eine Fassung aus dem gespiegelten Teil c. Parallel zur Biegekante auf jeder Seite klebst du die beiden schwarzen Streifen e und von der Innenseite her die Zähne d. Nachdem du rechts und links den vordersten Zahn abgeschnitten hast, muß dieser obere Teil der Schnauze so zurechtgebogen und geknickt werden, daß vorn eine Art Quadrat entsteht, auf das du die schwarze Nase f kleben kannst.

Für den unteren Teil der Schnauze verwendest du das zweite Mal das Teil c. Zunächst klebst du wieder die Zähne d von innen an die bezeichneten Stellen. Der untere Teil der Schnauze wird jetzt seitlich mehr geknickt als gebogen. Vorne entsteht eine breitere Rechteckform, wo auch die vordersten Zähne drohend stehen bleiben (siehe Foto). In diesen Teil der Schnauze klebst du auch die rote Zunge g.

Jetzt beginnt die Befestigung des gesamten Schnauzenteils. Zuerst wird das obere Schnauzenteil an der Maske befestigt, dann erst das untere. Die Klebeflächen des unteren Teils kannst du nur von hinten durch den Mundschlitz erreichen und fest andrücken. Benutze nur sehr wenig Klebstoff, den du mit Hilfe eines Streichholzes aufträgst. An der Klebestelle wird der untere Schnauzenteil seitlich etwas unter den oberen geschoben, so daß der obere etwas überlappt. Alle Klebeflächen, die in den Mund- oder Nasenschlitz ragen, müssen anschließend von hinten ausgeschnitten werden. Nach der Fertigstellung der Schnauze klebst du die Augen. Klebe zuerst das größere Teil h und danach das kleinere i auf.

Erst jetzt erhält die Maske ihre gewölbte Form und anschließend die Ohren j u. k. Gehe so vor wie in der Anleitung für den Hund auf Seite 17.

Das lustige Mäuschen

Leicht, aber etwas zeitaufwendiger
Vorlagen: a bis l, Bogen A

Zuerst entsteht die Maskengrundform a aus dem schwarzen Tonpapier.

Daraus werden die Öffnungen für die Augen und die Nase geschnitten, anschließend die übrigen Teile aus dem Tonpapier der angegebenen Farbe (schwarz: e, i und l; hellgrau: c, h und k; weiß: b, d, g und j; hellbraun: f).

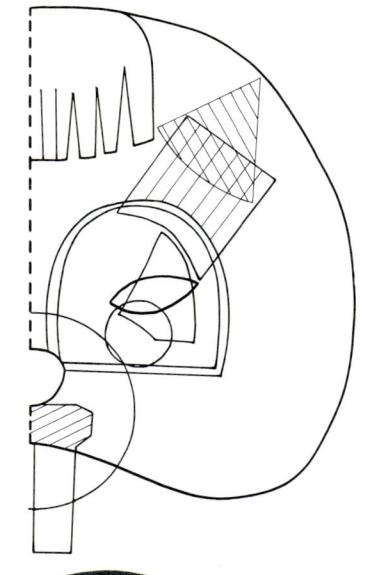

Beim Kleben wird an den Augen begonnen, und zwar zuerst die weißen Bögen b um die Augenausschnitte, danach die Wimpern d und die grauen Teile c, so wie es auf der nebenstehenden Zeichnung zu erkennen ist. Zuletzt wird der Augapfel e aufgeklebt. Nun kannst du die Zähne j befestigen. Die gezackte Klebefläche der Nase h wird nach innen abgebogen, und die Nase erhält die Form eines Kegels.

Bestreiche die Klebezacken mit Hilfe eines Streichholzes mit Klebstoff. Die überflüssigen freistehenden Zacken am unteren Teil können später abgeschnitten werden. Aufpassen, daß nicht versehentlich die Zähne abgeschnitten werden! Bevor der Kegel der schwarzen Nasenspitze i passend auf die Nase h geklebt wird, werden die weißen Schnurrbarthaare g auf der Nasenform h befestigt. Anschließend klebst du die Haare f auf.

Die einzelnen Papierstreifen der Haare f, der Wimpern d und des Schnurrbartes g kannst du sehr schön kräuseln.

Die Ohrenteile k und l werden jeweils doppelt aus den Vorlagen hergestellt und zuerst einzeln an den Einschnitten überlappend verklebt, dadurch erhalten sie ihre gewölbte Form. Die beiden gewölbten Teile klebst du dann aufeinander und befestigst die beiden Ohren wie auf der Vorlage angegeben.

Der gemütliche Hund

Einfach, aber etwas zeitaufwendig
Vorlagen: a bis k, Bogen A

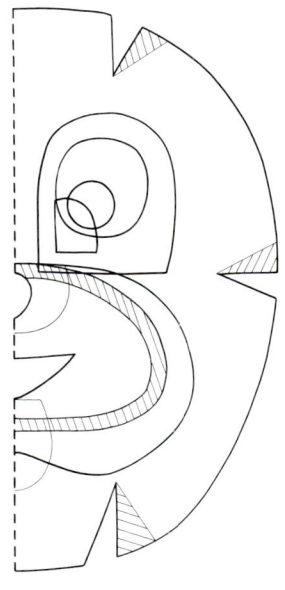

Nachdem alle Schablonen gezeichnet sind, schneidest du die Grundmaske a mit den Öffnungen für Augen, Nase und Mund aus, außerdem alle anderen Teile aus den Tonpapieren der Farben dunkelbraun: a, e, f, i; hellbraun: j; schwarz: c, h, k; weiß: b, d und tiefrot: g.

Der Streifen e wird durch Spiegeln doppelt so lang wie in der Vorlage. Für die Augen klebst du zuerst das weiße Teil b von hinten gegen die große Augenöffnung der Maske. Danach kannst du die Teile c und d von vorn aufkleben. Die plastische Form der Schnauze wird aus den zwei Teilen e und f gebildet. Auf das

Schnauzenteil f klebst du oben die schwarze Nase h und unten von hinten die Zunge g. Die olivgrünen Pünktchen, das sind die Ansätze der Schnauzenhaare, machst du mit Hilfe eines Bürolochers und klebst sie mit sehr wenig Leim auf. Jetzt ist die Schnauzenplatte fertig, und du formst den langen Streifen e zu einem Ring und klebst ihn zusammen. Beide Reihen der Klebezacken werden nach innen geknickt und der Ring entlang der angegebenen Linien auf die Grundmaske geklebt. Sowohl Mund- als auch Nasenöffnung müssen sich im Inneren des Ringes befinden. Die Schnauzenplatte f wird so aufgeklebt, daß der obere Rand an der schwarzen Nase bündig abschließt, während der untere Teil mit der roten Zunge frei über den Ring hinausragt.

Bevor an den Ohren und den Augenbrauen weitergearbeitet wird, erhält die Maske ihre gewölbte Form. An den sechs Einschnitten klebst du sie überlappend zusammen und bindest diese Stellen mit Wäsche- oder Büroklammern.

Die Ohren bestehen jeweils aus den dunkelbraunen Teilen i und den hellbraunen j. Jedes Teil klebst du zuerst einzeln überlappend zusammen. Die Einschnitte liegen dann übereinander. Erst danach klebst du das hellbraune und das dunkelbraune Teil aufeinander. An der Knicklinie werden die Klebeflächen etwas nach vorn gebogen. So kannst du die Ohren sehr gut auf den oberen Einschnitten der gewölbten Maske befestigen. Zum Abschluß klebst du die Augenbrauen k über die Augen.

Petz, der Bär

**Etwas schwieriger und etwas zeitaufwendiger
Vorlagen: a bis l, Bogen A**

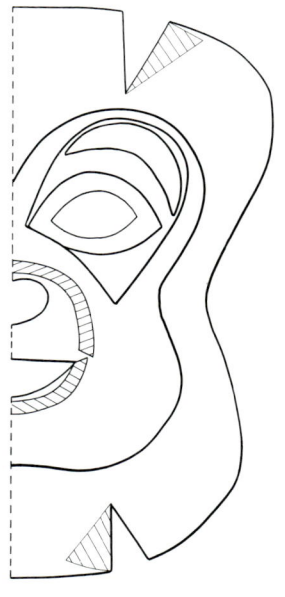

Zuerst fertigst du dir alle notwendigen Schablonen an und überträgst die Teile auf das Tonpapier der angegebenen Farbe (schwarz: d, e, l; dunkelbraun: b, f, h, i, j; hellgrau: a, c, g und tiefrot: k). Die Teile a (Maskengrundform) und b müssen gespiegelt werden. Danach kannst du alle Teile ausschneiden.

Auf der nebenstehenden Kleinzeichnung kannst du erkennen, wohin die einzelnen Teile auf die Grundmaske a geklebt werden müssen. Zuerst klebst du das Gesicht b so auf die Maskengrundform a, daß die Öffnungen für Mund, Nase und Augen genau übereinander liegen. Es folgt das Aufkleben des hellgrauen Augenhintergrundes c, der Augenringe d und der Augenbrauen e. Nimm dir nun die beiden Teile für die Schnauze i und h.

Den oberen Teil der Schnauze h mußt du vorn so zusammenkleben, daß sich die beiden unteren abgeknickten Kanten überlappen und die schwarze Nasenspitze l daraufgesetzt werden kann. Im Gegensatz dazu wird der untere Teil der

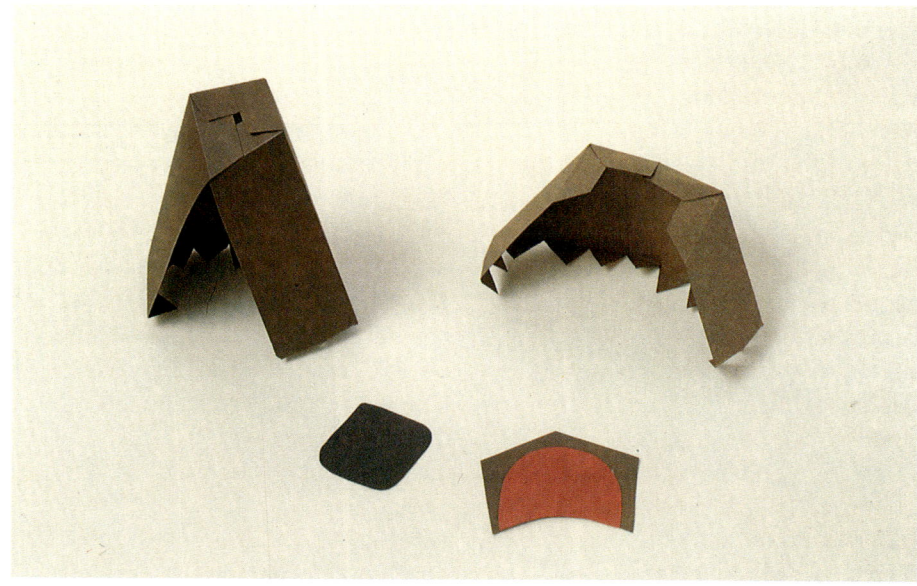

Schnauze, also das Maul, so zurechtgebogen, daß du auf den vorderen
Teil das fünfeckige Maulstück j
kleben kannst und darauf die rote
Zunge k.

Beide Maulstücke kannst du jetzt auf
der Maskengrundform befestigen
(siehe die Schraffur in der Kleinzeichnung). Die Klebestellen des
unteren Teiles der Schnauze sind
zum Andrücken nur von hinten
durch den Maulschlitz erreichbar.
Klebeflächen, die den Mund- oder
Nasenschlitz verdecken, kannst du
abschneiden.

Nun erhält die Maske erst ihre
gewölbte Form. Dazu klebst du sie
an den Einschnitten am Rand der
Maskenform überlappend zusammen. Diese vier Klebstellen können
mit Wäsche- oder Büroklammern
fixiert werden.

Zum Abschluß kommen die Ohren
dran. Beide Teile f und g klebst du
so aufeinander, daß die Einschnitte
übereinander liegen. An den Einschnitten überlappst du die Klebestellen dann wieder, so daß
auch die Ohren eine gewölbte
Form erhalten. Hier kannst
du die Klebestelle wieder mit
einer Klammer zusammen-
pressen. Klebe dann ab-
schließend die fertigen
Ohren an die entsprechen-
den Stellen wie auf dem
Foto. Schon kann deine
Verwandlung in einen Bären
losgehen.

Der pfiffige Hase

Einfach und schnell
Vorlagen: a bis i, Bogen C

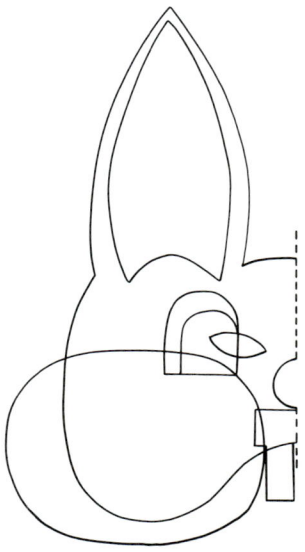

Zuerst schneidest du die Grundmaske a mit den Öffnungen für Augen und Nase aus, anschließend alle anderen Teile in den angegebenen Farben. Olivgrün: a; dunkelbraun: c, g, i; schwarz: f, d und weiß: b, e, h.

Klebe zuerst die Zähne b auf die Grundmaske a. Die Nase besteht aus den Teilen c und d. Der Streifen c wird zu einem Ring gebogen und an den Enden verklebt. An der längeren Seite werden die Klebezacken nach außen, an der kürzeren Seite nach innen abgebogen. Mit den nach außen gebogenen Zacken klebst du die Nase so an die Maske, daß die Nasenöffnung umschlossen wird.

Anschließend folgen die Augenteile e und f. Mit dem weißen Augenteil e darfst du dir nicht die Augenöffnung überkleben, durch die du später sehen willst.

Die beiden dicken Backen i des Hasen werden so aufgeklebt, daß sie die Augen und die Zähne ein wenig überdecken. Von den Zähnen sind dann nur noch die zwei Rechtecke zu sehen. Die Abbildung gibt dir eine Hilfe. Das Ohreninnere g läßt sich sehr einfach aufkleben.

Schließlich fehlen nur noch der Schnurrbart h und die schwarze Nase d. Der Schnurrbart wird zuerst auf die noch freien Klebezacken vom Teil c geklebt, darauf setzt du dann die Nase. Abschließend werden die Schnurrbarthaare vorsichtig mit einer Schere gekräuselt und schon ist der pfiffige Hase fertig.

Kennst Du eigentlich die Geschichte vom Hasen und dem Igel?
Die Igelmaske hierzu findest du gleich auf der nächsten Seite.

Auch Erwachsene machen ein fröhliches Gesicht mit diesen Masken. Die Bastelanleitungen für den Frosch-König findest du auf Seite 24, für den Adler, den Chinesen und die Sonne auf den Seiten 27, 40 und 41.

Ein langstacheliger Igel

Einfach, aber etwas zeitaufwendiger
Vorlagen: a bis j, Bogen C

Die Nase f wird zunächst zu einem flachen Kegel geklebt, die Klebezacken nach innen gebogen und die Nase entsprechend der Öffnung auf der Maskengrundform a festgeklebt. Vollendet wird die Nase - nachdem der weiße Schnurrbart h aufgesetzt ist - durch die Nasenspitze g. Dieser kleine schwarze Kegel wird über den Schnurrbart und den großen Nasenkegel f gestülpt und muß passen. Die Schnurrbarthaare kannst du mit Hife einer Schere noch lustig kräuseln.

Die kleinen Igelöhrchen i werden an den Einschnitten überlappend zusammengeklebt und vorschriftsmäßig befestigt.

Es fängt wie immer an: Motive abpausen und die Maskengrundform a korrekt mit Augen- und Nasenöffnung ausschneiden. Anschließend dann alle anderen Teile aus dem Tonpapier in den angegebenen Farben (dunkelbraun a, f, i, j; hellbraun: b; orange; c; schwarz: d, e, g und weiß: h).

Klebe das Gesicht b so auf die Maskengrundform a, daß sich die Augenöffnungen decken. Im gleichen Zug kannst du die Augen d und die Augenbrauen e anbringen. Danach die orangenen Stacheln c um das Gesicht herum.

Die kluge Eule

Nicht ganz einfach und zeitaufwendig
Vorlagen a bis i, Bogen B

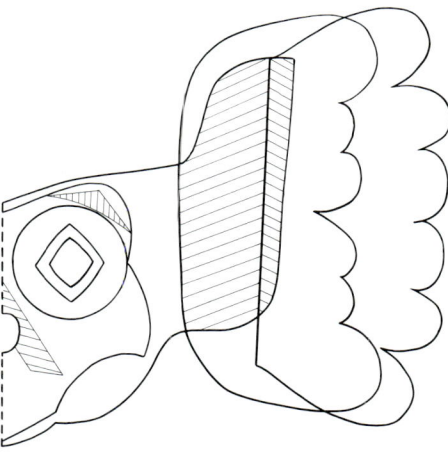

Beim Abpausen dieser Motive mußt
du besonders aufmerksam sein,
denn es gibt viele Teile, welche die
gleiche Form haben, aber in verschiedenen Farben gebraucht werden. Übertrage alle Formen auf die
Tonpapiere in olivgrün: a; saftgrün:
g; dunkelgrün: f, g 1, g 2, g 3; dunkelbraun: b, f 1, f 2, f 3, g 1, g 2,
g 4, h; hellbraun: i; sonnengelb: e, f
1, f 2, f 3; schwarz: d und weiß: c.

Nun schneidest du die Grundmaske
a mit den Öffnungen für Augen und
Nase und alle weiteren Teile aus.

*Klebe zuerst die Federn auf, so
verlierst oder verwechselst du die
vielen kleinen Einzelteile nicht.*

Auf den Flügeln f und g sind die
Nummern der aufzuklebenden
Federn genau angegeben. Die Farbenfolge erkennst du leicht auf dem
Foto. Bevor du mit dem Aufkleben
beginnst, sortierst du alle Federn
bereits in der richtigen Reihenfolge.
Die fertigen Flügel kannst du dann
einstweilen beiseite legen.

Jetzt wird nämlich zuerst das
Gesicht b so auf die Grundmaske a
geklebt, daß die Augen- und
Nasenöffnungen übereinander liegen. Danach folgen die Augenteile c
und d, wobei du mit dem weißen
Augenring beginnst.

Als nächsten Schritt biegst und
knickst du den Schnabel e zurecht

(auch die Mittellinie) und klebst ihn
an.

Jetzt erst beginnt das Aufkleben der
Flügelteile. Zuerst der dunkelgrüne f,
dann überlappend der saftgrüne g,
der ca. 3 cm näher zum Gesicht hin
geklebt wird, wie es aus den Abbil-
dungen erkennbar ist.

Zum Schluß sind noch die Ohren an
der Reihe, die aus den Teilen h und
i bestehen.
In dem größeren Teil h werden die
kleinen Einzelstreifen geschnitten
und gekräuselt, beide Teile dann
übereinandergeklebt und zum
Abschluß überlappend zusammen
und über den Augen auf die Grundmaske geklebt.

Froschkönig

**Nicht ganz einfach und zeit-
aufwendig
Vorlagen: a bis m, Bogen A**

Folgende Teile werden aus dem far-
bigen Tonpapier geschnitten: dunkelgrün: a, g, h, i; saftgrün: b; laubgrün: e, f, j; schwarz: c, k; weiß: d
und sonnengelb: l und m.

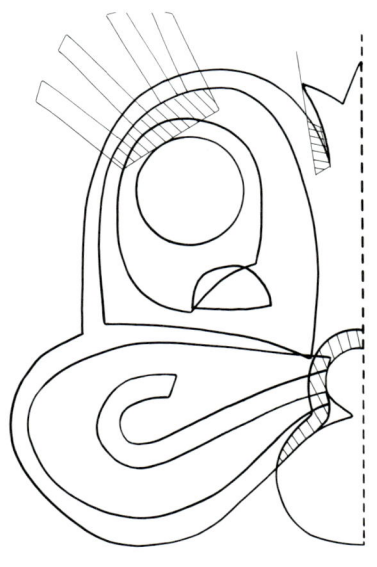

Die Augen bestehen aus drei Teilen
und den Wimpern e. Klebe nacheinander die Teile e, b, c und d auf
die in der Grundmaske bezeichneten Stellen. Die Wimpern kannst du
vorsichtig kräuseln.

Die Froschbacken werden mit den
Teilen f und g verziert, die jeweils
zweimal vorhanden sind. Zuerst
klebst du das größere laubgrüne Teil
f auf die Grundmaske, darauf dann
die bartähnliche Verzierung g. Das
Maul wird gebildet aus: einem langen Streifen h mit teilweise beidsei-
tigen Klebezacken, einem ovalen
Teil i und der Nase j mit zwei
schwarzen Nasenlöchern k. Der
Streifen h wird an den gestrichelten
Linien geknickt und so gebogen,
daß es fast die Form einer Acht
erhält. Der kleine obere Teil der
Acht hat auf beiden Seiten Klebezacken, der untere Teil auf nur
einer. Bei der weiteren Verarbeitung
muß die ungezackte Seite zur Maske
zeigen und die gezackte zu dir. Den
oberen kleinen Kreis der Acht klebst
du rund um die Nasenöffnung, die
überstehenden Klebezacken kannst
du später abschneiden. Auf die
gezackte Klebefläche des oberen
Kreises wird dann die Nasenscheibe
j gesetzt, darauf die Nasenlöcher k
geklebt, deren unteren Klebeflächen
werden etwas nach außen gebogen,
so daß an ihnen später das Maul i
befestigt werden kann.

Das Maul wird zunächst an den vier
Einschnitten überlappend zusammengeklebt. Evtl. überstehende
Ränder kannst du abschneiden.
Das fertiggeformte Maul befestigst
du jetzt an den Klebezacken des
großen unteren Ringes h. Einen
zusätzlichen Klebepunkt bieten die

schwarzen Nasenlöcher. Jetzt kannst du das Maul noch mit kleinen laubgrünen Punkten aus dem Bürolocher verzieren.

Schließlich wird die Krone aus den Teilen l und m aufgeklebt. Der hintere Teil l gehört auf die Grundmaske. Die Klebefläche des vorderen Kronenteils wird angeritzt, nach innen geknickt und auf der Maske über dem hinteren Kronenteil befestigt.

Viel Spaß bei der Suche nach der Prinzessin, die dich in einen Prinzen verwandelt.

Das rosarote Schweinchen

**Einfach und schnell
Vorlagen: a bis j, Bogen A**

Du schneidest die Grundmaske a mit den Öffnungen für die Augen und alle anderen Teile aus dem Tonpapier aus (rosa: a, f, h, j; pink: b, d, e, g, i und schwarz: c).

Zuerst klebst du das Gesicht b auf die Grundmaske a, wobei sich die Augenöffnungen überdecken müssen. Zwischen Auge c und Grundmaske werden vor dem Aufkleben die Wimpern d geschoben. Die Wimpern kannst du vorsichtig kräuseln.

Für die Nase klebst du zuerst den Streifen e zu einem Ring zusammen und biegst die Klebezacken nach innen ab. Die drei Einschnitte sind dazu da, um die Nase etwas nach oben biegen zu können, deshalb darfst du sie nicht vergessen. Klebe den Ring so auf die Maske, daß die Einschnitte oben sind und die Nasenöffnung umschlossen wird. Überstehende Klebezacken werden abgeschnitten.

Anschließend bestreichst du die oberen Zacken des Nasenringes e mit Kleber und setzt darauf die ovale Nasenscheibe f, auf der bereits die Nasenlöcher g sitzen. Auf jede Seite klebst du einen rosafarbenen Kreis h als Schweinebäckchen. Klebe die Ohrenteile i und j zunächst aufeinander, dann an den Einschnitten überlappend zusammen. Sie werden abschließend an der Grundmaske a befestigt.

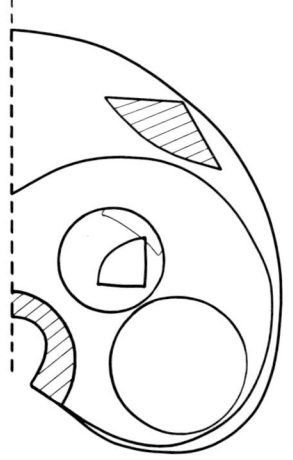

Der hakennasige Adler

**Nicht ganz einfach, aber schnell
Vorlagen: a bis i, Bogen B**

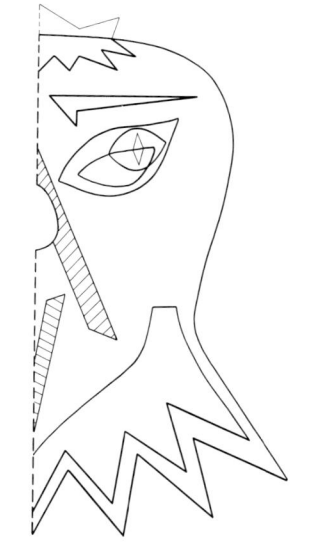

Die richtige Adlernase wirst du erst dann erkennen, wenn du den fertigen Adler von der Seite ansiehst. Bis dahin mußt du aber noch etwas arbeiten. Du benötigst Tonpapier in olivgrün a; sonnengelb: b, c; hell-

grau: i, e, h; schwarz: d, g und weiß: f.

Du beginnst mit dem Schnabel aus den Teilen b und c. Zuerst faltest du die Klebeflächen des kleineren Teiles nach dem Anritzen nach innen und klebst ihn auf die Grundmaske a. Dieser kleine Schnabelteil formt sich dabei wie eine halbe Tüte. Falls du zum Andrücken der Klebeflächen mit einem Finger nicht richtig herankommst, kannst du einen Stift zu Hilfe nehmen.

Die Knicklinien des größeren Schnabelteiles ritzt du wieder mit einer Schere an, und zwar die zwei äußeren Linien von vorn und die mittlere Linie von hinten. Das ist deshalb nötig, weil sie in verschiedene Richtungen geknickt werden. Die mittlere Linie drückst du mit dem Zeigefinger nach innen, die äußeren Linien werden durch den Daumen und den Mittelfinger nach oben gefaltet (siehe Foto). Auch hier werden die Knicklinien der Klebeflächen nach innen gebogen und das Teil wird halbkegelförmig nach der Vorlage aufgeklebt. Klebestellen innerhalb der Nasenöffnung kannst du abschneiden.

Nun sind die Augen an der Reihe. Klebe zuerst den Augenring d, danach den zweiteiligen Augapfel e und f auf. Die Augenöffnung in der Maskenform darfst du nicht vollständig mit dem Augapfel überdecken, sonst kannst du später nichts sehen. Abschließend werden noch die Augenbrauen g und die hellgrauen Federn h und i befestigt.

Jetzt kannst du zwar stolz wie ein Adler sein, aber leider nicht fliegen.

Ziegen-böckchen

| Nicht einfach |
| und zeitaufwendig |
| Vorlagen: a bis p, Bogen B |

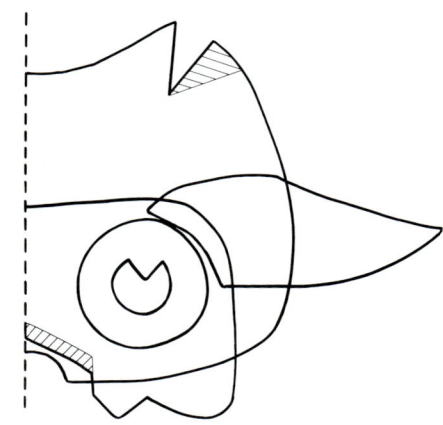

Die Maske des Ziegenböckchens ist eine der feinsten in diesem Buch und besteht aus sehr vielen kleinen Teilen. Die Herstellung erfordert ein besonders ordentliches und gewissenhaftes Arbeiten, aber das schöne Ergebnis wird bald alle Mühe vergessen lassen.

Übertrage die Motive auf das Tonpapier der angegebenen Farbe (schwarz: a, b, h, i; sonnengelb: m, n; hellgrau: c, e, f, g, j, l; olivgrün: d, k und dunkelbraun: p).

Zuerst schneidest du alle Teile mit Öffnungen für die Augen aus, die auch gleich ganz fertiggestellt werden. Sie bestehen aus den zwei Teilen c und d. Den Streifen c klebst du zu einem Ring zusammen und biegst die unteren Klebezacken nach außen. Nun kannst du den Augenring von hinten in die Augenöffnung stecken und auf der Rückseite der Maskengrundform a ankleben. Danach biegst du die oberen Klebezacken des Ringes nach innen und kannst das Augenteil d aufkleben.

Zur Nase gehören ebenfalls zwei Teile: e und f. Teil e knickst du an den Knicklinien an und formst es zu einem stumpfen Nasenkegel. Die Enden werden verklebt. Die spitzen Klebezacken biegst du nach außen ab und klebst Teil e von hinten gegen den Teil b. Die stumpfen Klebezacken biegst du nach innen und setzt die Nasenplatte f drauf.

Augen und Nase kannst du jetzt vergessen und bereits an die Ohren gehen. Dazu werden die Ohrenteile k und l aufeinandergeklebt. Die Klebefläche des Ohres wird bis an den Augenrand geschoben und auf die Maskengrundform a geklebt. Später wird es vom Teil b bedeckt werden. Das wird aber erst dann gemacht, wenn die Dekoration j von hinten auf b geklebt ist. Erst jetzt wird Teil b eingeleimt - unterhalb der Augenöffnung allerdings nur ein sehr kleiner Rand - weil Teil b nach dem Aufkleben auf die Maskengrundform a nach unten übersteht.

Hast du den Kleber doch zu weit aufgestrichen, mußt du bis zum Weiterarbeiten an der Grundmaske warten, bis der Kleber trocken ist.

sie nicht ganz gerade stehen, sondern so wie auf dem Bild eher schräg nach außen.

Falls du es noch nicht vorher getan hast, dann tue es jetzt: Nasenlöcher h und Maul i sind noch auf- und der Ziegenbart g noch anzukleben. Hoppla, jetzt ist der Ziegenbock erst fertig!

Inzwischen kannst du aber bereits die Hörner anfangen. Jedes Horn besteht aus fünf kleinen Kegeln (Hütchen). Das untere Hütchen m ist etwas größer als die anderen n. Bevor die Hütchen ihre Kegelform erhalten, wird der braune Rand p aufgeklebt. Von den jeweils fünf Hütchen eines Hornes muß nur das oberste eine ganz exakte Kegelform mit einer geschlossenen Spitze ohne Lücke haben.

Bevor du jetzt die Hörner aufsetzt, wird die Maskengrundform a an den Einschnitten überlappend verklebt und die zwei Klebepunkte bis zum Hartwerden mit Wäsche- oder Büroklammern fixiert. Dann beginnt der Hornaufbau jeweils mit dem großen Hütchen m, auf dem die anderen vier kleinen übereinandergeklebt werden. Dazu leimst du das Innere der Hütchen an einer beliebigen Stelle ein. Richtig gut sehen die Hörner dann aus, wenn

Lachen und Weinen

Einfach und schnell

Diese beiden Masken drücken zwei besonders gegensätzliche menschliche Gemütsverfassungen aus, nämlich Fröhlichkeit und Traurigkeit, Lachen und Weinen.

Sie wirken besonders dekorativ als Wandschmuck. Du kannst sie aber natürlich auch aufsetzen und damit etwas spielen. Sie sind ganz einfach herzustellen, aber die schmalen

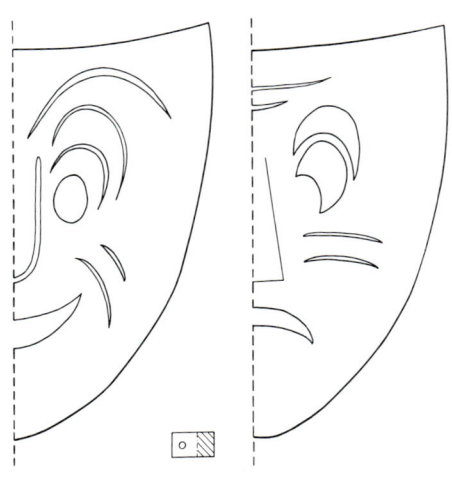

Schnitte müssen wie bei einem richtigen Scherenschnitt sehr sorgfältig und sauber ausgeführt werden, um die gewünschte Wirkung des Ausdruckes zu erzielen.

Das »Lachen« ist aus pinkfarbenem Tonpapier, das »Weinen« aus violettem angefertigt. Natürlich kannst du auch andere Farben auswählen, die dir gefallen.

Brillenmasken

Brillenmasken sind leicht und schnell zu basteln und machen ein Fest sofort viel lustiger, wenn alle Masken tragen, vielleicht sogar die gleichen.

Die Masken braucht man nicht mit einem Gummi zu befestigen, denn sie werden wie eine Brille aufgesetzt. Ein kleines Problem gibt es aber, das sich schnell beheben läßt: Nämlich jeweils die richtige Länge des Brillenbügels für dich oder die anderen Maskenträger festzulegen, so daß du ihn meistens verlängern, seltener kürzen mußt. Zum Ausprobieren kannst du zuerst eine Schablone aus Zeitungspapier für die Maskengrundform schneiden und die Länge der Bügel an deinem Kopf prüfen. Sind sie zu kurz, schneidest du die Bügel irgendwo durch. Dann verlängerst oder verkürzt du den Bügel, wie du ihn brauchst, durch Einsetzen eines Verlängerungsstückes oder Wegnehmen eines Bügelteils.

Erst jetzt machst du eine richtige Schablone zum Übertragen aus dem Tonpapier. Die Produktion der Brillen kann beginnen.

Ente, Katze, Raupe und Nikolaus werden alle ganz ähnlich gebastelt. Nur bei der Schlange gibt es vom Schnitt her eine Besonderheit. Ein paar Hinweise zum richtigen Basteln werden aber doch noch gegeben.

Die gelbe Ente

Sehr einfach und sehr schnell
Vorlagen: a bis i, Bogen B

Mit den folgenden Tonpapieren wird gearbeitet: sonnengelb: a, b, d; orange: c, e, f, g; schwarz: i und weiß: h. Alle Teile abpausen und ausschneiden.

Oberhalb der Sehöffnung folgt ein waagrechter Schnitt mit einer kleinen geraden Nagelschere. Durch diesen Einschnitt wird der Flügel b gesteckt und auf der Rückseite der Maskengrundform oberhalb des Schlitzes angeklebt. Zum sauberen Arbeiten wird der Klebstoff auf die Rückseite der Maskengrundform aufgetragen und nicht auf dem Flügel.

Die dekorativen Teile auf dem Flügel b werden in der Reihenfolge c, dann d aufgeklebt. Es folgen die orangefarbenen Teile Schnabel g, Schwanzzierde f und Fuß e. Jetzt fehlen noch die Augen h und i. Zum Schluß kannst du den Flügel an der Schlitzkante etwas nach oben knicken, um besser durch die Brille sehen zu können.

Die rosa Katze

Sehr einfach und sehr schnell
Vorlagen: a bis g, Bogen B

Alles geht ganz einfach: Die Maskenform a und die anderen Teile werden aus dem Tonpapier ausgeschnitten (rosa: a; hellgrau: c; schwarz: b, f, g und weiß: d und e).

Das Aufkleben beginnst du bei den Augen mit den Teilen b, danach folgen der Augapfel c und die Pupillen d. Die einzelnen Fäden des Schnurrbartes e werden vor dem Aufkleben gekräuselt. Auf den Schnurrbart klebst du dann die schwarze Nase f und zum Schluß die Verzierung auf die Ohren g.

Dann kannst du endlich »Miau« sagen!

Die bunte Raupe

Sehr einfach und sehr schnell
Vorlagen: Bogen B

Das ist die allereinfachste Maske: Es gibt die Maskengrundform in zinnoberrot und darauf sind vom »Hals« bis zum »Schwanzende« die Teile in bunten Farben aufgeklebt. Nur die Brillenbügel und der Kopf werden nicht farbig überklebt. Auge und Mund sind aufgemalt, man kann sie aber auch ausschneiden und aufkleben. Beim Ausschneiden der dünnen Fühler muß man etwas sorgfältiger - am besten mit einer geraden Nagelschere - arbeiten. Die einzelnen Körperglieder der Raupe sind in den Farben zitronengelb, tiefrot, violett, mittelblau, dunkelgrün und sonnengelb. Weil alles so einfach ist, gibt es diesmal auch keine Numerierung der Teile. Natürlich kannst du auch alles in ganz anderen Farben ausschneiden - einfach aus vorhandenen Resten von Tonpapier.

Der weißbärtige Nikolaus

Sehr einfach und sehr schnell
Vorlagen: a bis e, Bogen B
Foto auf Seite 31

Keine Bange vor dem Nikolaus haben, sondern selbst einmal ein lieber Nikolaus sein!

Du mußt nur die einzelnen Teile aus dem Tonpapier der angegebenen Farbe schneiden (weiß: b, c, d und tiefrot: a, e).

Die Öffnungen der Augen sind bei dieser Maske nicht rund, weil die Augenwimpern sie halb verdecken. Bei den Wimpern b schneidest du zuerst einzelne Fäden ein und kräuselst sie vor dem Aufkleben. Es folgt das Aufkleben der Augenbrauen c. Du brauchst sie vierfach, weil du für das rechte und für das linke Auge jeweils zwei Brauen benötigst, die von der Vorderseite und der Rückseite auf der Maskengrundform gegeneinander geklebt werden.

Vor dir liegen jetzt nur noch der Bart d und die Lippe e. Bevor du den Bart an der Brillenmaske befestigst, lege erst dann durch Probieren bei dir fest, wo die Mundöffnung liegen muß. Erst jetzt klebe Bart und Lippe auf.

Die Brillenschlange

Einfach, aber etwas zeitaufwendiger
Vorlagen: a bis i, Bogen C
Foto auf Seite 31

Auch diese Maske gehört zu den Brillenmasken, aber sie schlängelt sich zusätzlich um Hals und Schultern. Du brauchst folgende Tonpapiere: dunkelgrün: a, d; hellbraun h; saftgrün: i; sonnengelb: i; schwarz: c, f; weiß: b, e und tiefrot: g.

Als erstes schneidest du die Maskengrundform a mit den Öffnungen für Augen und Nase aus, sowie alle anderen Teile am Kopf. Damit die kleinteiligen Verzierungen nicht herumfliegen, schneidest du sie erst dann aus, wenn du sie später brauchst.

Klebe bei den Augen zuerst den größeren Ring b und dann den kleineren c aus. Die Öffnung der Nase kannst du hinter dem kleineren Teil d verstecken. Die Klebefläche dieses Teils kann an der Knicklinie eingeritzt werden, so läßt sie sich einfach abbiegen.

Die Kopfverzierung besteht aus den Teilen e und f. Nacheinander aufkleben und die weiße Spitze fast bis ans Ende der Nase reichen lassen. Auch die rote, gespaltene Zunge g kann jetzt aufgeklebt werden.

Der Schlangenkörper wird nun mit dem braunen Streifen h beklebt, der sich über den ganzen Körper zieht. Die vielen kleinen Vierecke (in dieser Form heißen sie auch Rauten), schneidest du einmal aus dem sonnengelben und einmal aus dem saftgrünen Tonpapier aus. Sie werden in abwechselnder Farbfolge befestigt. Die weitere Verzierung unterhalb der Nase besteht aus kleinen, unterschiedlich großen Schnipseln, die aus grünen und gelben Streifen geschnitten werden.

Der gelbe Clown

**Einfach und schnell
Vorlagen: a bis k, Bogen B**

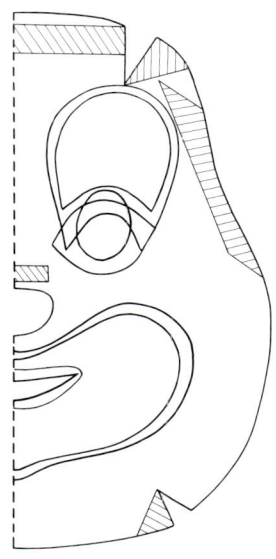

Clowns sind bei groß und klein beliebt. Deshalb gibt es hier gleich zwei zu basteln in etwas unterschiedlicher Art, einen in gelb und einen in weiß. Lieb sind sie aber alle beide.

Für den gelben Clown brauchst du Tonpapier (sonnengelb: a; mittelblau: b, e; dunkelgrün: g; orange: c, f und tiefrot: d, h, i, j und k).

Das Aufkleben der Teile auf die Maskengrundform beginnt mit dem Mund in der Reihenfolge b, c und d. Die Augen folgen mit dem blauen Teil e, dem orangen f und dem grünen Augenring g.

Die Nase hat bei diesem Clown eine besondere Konstruktion. Die Nasenplatte i wird auf das zweimal abzuknickende Teil h geklebt und dieses dann so auf die Maskengrundform, daß die Nasenplatte frei über der Öffnung für deine Nase schwebt. Das sieht, von der Seite gesehen, dann so aus wie in der Zeichnung.

Jetzt erhält das Clowngesicht seine gewölbte Form, in dem du die vier Einschnitte in der Maskengrundform überlappend verklebst.

Die lustigen Stirnhaare werden aus dem Teil k geschnitten und von oben angeklebt, während die Seitenlocken j rechts und links auf der Maskenrückseite angeklebt und nach vorne gekräuselt werden.

Diese ausgeschnittenen Teile gehören bereits zum weißen Clown, der etwas aufwendiger zu basteln ist und auf der nächsten Seite beginnt.

Der weiße Clown

Nicht ganz einfach und zeitaufwendig
Vorlagen: a bis k, Bogen B

Der weiße Clown ist aufwendiger beim Basteln als der gelbe. Vielleicht muß dir ein Erwachsener helfen, wenn es um den Bau und die Befestigung der Knollennase geht.

Diese Maske habe ich mit viel Spaß zusammen mit einer Schulklasse in der Stadt Brandenburg gebastelt. Wie eifrig die Kinder bei der Arbeit waren und was dabei herausgekommen ist, siehst du auf den Fotos.

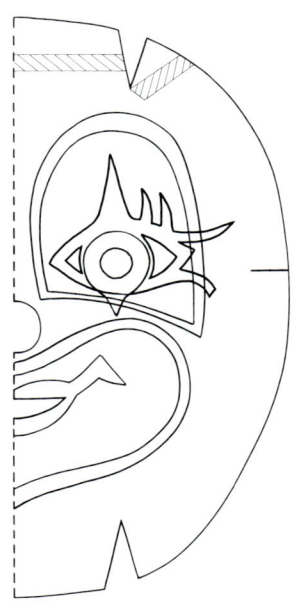

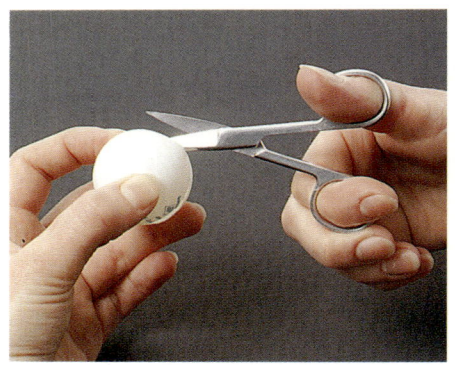

Vielleicht kannst du das deinem Lehrer auch vorschlagen, damit ihr alle gemeinsam doch einen solchen lustigen Clown basteln könnt.

Aber jetzt zuerst allein an die Arbeit! Du brauchst die Tonpapiere weiß: a, g; sonnengelb: c, f; orange: b, e; rot: d; hellblau: i; laubgrün: j, k und schwarz: h und als Besonderheit einen Tischtennisball für die Knollennase.

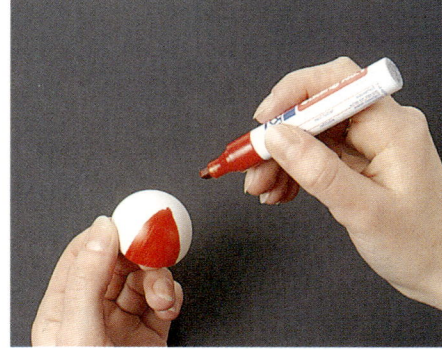

Du beginnst die Mundteile b, c und d auf die Grundform a aufzukleben.

Bei den Augenteilen e, f, g, h und i ist es einfacher, erst das Innere auszuschneiden und dann die äußere Form. Das gilt besonders für das detaillierte Teil i, aber auch für das kleine Teil h.

Auf die Maskengrundform a klebst du zuerst die genannten Teile für die Augen in der Reihenfolge e, f, g und h und darüber dann i. Von h bleibt dann nicht mehr viel zu sehen, aber das nach unten weisende spitze Teil, die »Träne«, macht den Augenausdruck besonders stark.

Eine besondere Arbeit ist hier das Basteln der roten Knollennase. Laß dir von den Eltern oder größeren Geschwistern oder Freunden beim Aufschneiden des Tischtennisballes helfen. Im Foto siehst du, wie der Ball mit einer spitzen Schere erst angestochen und dann halbierend aufgeschnitten wird.

Den Rest kannst du dann leicht allein fertigstellen. Mit einem wasserfesten roten Stift, der auch auf Folien oder Glas schreibt, wird die Nase bemalt. Normalfaserstifte sind dazu nicht geeignet, da die Farbe nicht hält. Zur Befestigung der Nase schneidest du dir vier Papierstreifen mit einer Länge von 3 cm und einer Breite von 1 cm zurecht. Die vier Streifen klebst du so in die Halbkugel der Nase, wie es auf dem Foto zu sehen ist. Die anderen Enden der Streifen werden durch die Nasenöffnung der Maskengrundform gesteckt und auf der Rückseite festgeklebt. Zur Wölbung der Maske wird sie wieder an den Einschnitten entsprechend den Markierungen überlappend verklebt. Zum Schluß werden die grünen Haare k und j auf die Stirn und seitlich - aber diesmal alle an der Außenseite - festgeklebt. Die Strähnen werden wieder lustig gekräuselt.

Mit diesen schönen Clownmasken wirst du zusammen mit einem Freund oder einer Freundin auf jedem Fest gut ankommen.

Liebe Andrea Bik!

Wir freuen uns, daß Sie zu uns in die Schule gekommen sind. Es war eine gute Idee von Ihnen, mit uns eine Maske zu basteln. Uns machte es großer Spaß, einen Clown zu spielen. Hat es Ihnen auch bei uns gefallen? Wir danken Ihnen für die schönen Stunden. Alle Kinder würden gern noch eine andere Maske basteln.

Liebe Grüße sendet Ihnen die Klasse 3a der Grundschule 11 aus Brandenburg

Gregor Kathrin Jacqueline
Carolin Christoph
Ralf Birgit
Endy Oliver Dennis
Anja Ronny Mathias
Nicole Christine Patrick
Mareen

Der listige Zauberer

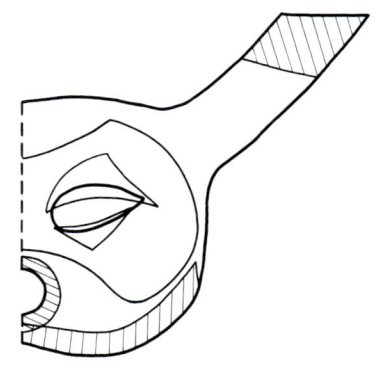

Schwierig und zeitaufwendig
Vorlagen: a bis k, Bogen C

Für den Zauberer brauchst du viel buntes Tonpapier in den Farben violett: a; pastellviolett: b, k; sonnengelb: e; zitronengelb: c, d; orange: i, j; pink: h, k und schwarz: f und g.

Beginne die Arbeit mit dem Hut. Bevor er seine Kegelform erhält, bringst du die Sterne c und d an.

Auf das Gesicht des Zauberers b klebst du zuerst den gelben Augenhintergrund e, anschließend die beiden schwarzen Augenteile f und g. Das größere Teil f gehört nach oben, das kleinere nach unten.

Die Nase h wird so verklebt, daß sie einen spitzen Kegel bildet. Die Klebezacken biegst du nach innen und setzt die Nase um die Öffnung auf der Maske.

Beim nächsten Schritt werden die einzelnen Streifen der Barthaare i und der Kopfhaare j eingeschnitten. Die orangenen Barthaare klebst du von hinten gegen den unteren Rand der Grundmaske b, die beiden Kopfhaarteile von hinten an den unteren Hutrand. Anschließend sind Hut und Gesichtsmaske miteinander zu verbinden. Auf dem Foto erkennst du sicher leicht, wie es gemacht ist.

Einen Teil der Kopfhaare kannst du noch mit einer Schere nach außen kräuseln. Klebe zum Schluß noch die pastellvioletten und pinkfarbenen dünnen Bänder k in die Hutspitze ein.

Jetzt kannst du deine Freunde einem schönen Zaubertrick üb raschen!

Chinese mit Hut

Einfach, aber etwas zeitaufwendig
Vorlagen: a bis e, Bogen C

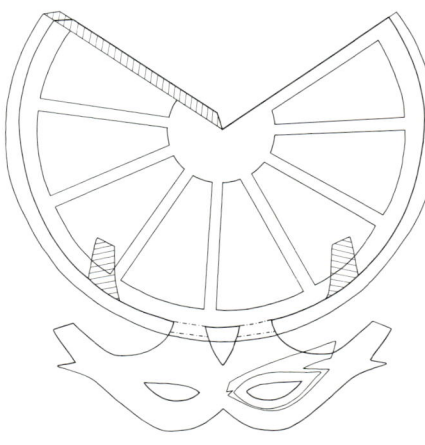

Mit dieser Maske kannst du wie ein Chinese aussehen, wie man sie aus Bildern von der Arbeit auf dem Reisfeld her kennt.

Beim Abpausen des Motivs ist darauf zu achten, daß Maskenteil und Hut aus einem Stück bestehen bleiben. Die Grundmaske a ist sonnengelb, die anderen Tonpapiere dunkelbraun b; schwarz: d, e und weiß: c.

An der Maskengrundform a benötigst du am Hut nach dem Spiegeln nur eine Klebefläche. Du kannst sie also an einer Seite abschneiden. Solange die Maske noch flach liegt, kannst du ganz leicht die braune Dekoration b auf den Hut kleben.

Das gilt auch für die Augen aus den drei Teilen c, d und e. Klebe zuerst das weiße Teil c und anschließend das schwarze d in der geplanten Form auf die Maske. Die schwarzen Pupillen e bringst du bei jedem Auge im linken Augenwinkel an, denn unser Chinese schaut in eine ganz bestimmte Richtung. Nachdem diese Klebearbeiten abgeschlossen sind, wird der Maskenteil an der oberen Knicklinie nach unten und an der unteren Knicklinie wieder zurückgebogen. Du wirst sehen, daß jetzt die Maske richtig vor deinem Gesicht steht, wenn du jetzt dem Hut seine Kegelform gibst, indem du ihn an der langen Klebefläche miteinander verbindest.

Die beiden Enden der Maske werden von innen nach einem leichten Abbiegen an den Hut geklebt. Die Klebestellen ergeben sich automatisch, du kannst sie aber auch auf der kleinen Übersichtszeichnung deutlich sehen.

Die strahlende Sonne

**Einfach und schnell
Vorlagen: a bis j, Bogen D**

Die Grundmaske a mit den vielen Strahlen besteht aus zitronengelbem Tonkarton, denn dieser ist stabiler als Tonpapier. Die gesamte Form schneidest du mit allen Öffnungen für Augen, Nase und Mund aus. Die übrigen Teile sind aus Tonpapier (zinnoberrot: b, c, e, g, h und sonnengelb: d, f, i, j).

Klebe zuerst den zinnoberroten Strahlenkranz b von hinten so gegen die Grundmaske a, daß die

Strahlen dann versetzt in abwechselnder Farbenfolge erscheinen.

Nachdem du den zinnoberroten Augenring c aufgeklebt hast, folgt der sonnengelbe Augenschatten d. Anschließend sind die Augenbrauen e und deren Schmuck f dran. Die zinnoberroten Punkte sind aus dem Bürolocher.

Nun kannst du die Nase g bearbeiten. Zuerst ritzt du die Knicklinien

an den Klebeflächen an, die nach innen gebogen werden, sowie die Mittelachse der Nase. Du kannst sie jetzt wie ein kleines Dächlein anknicken und dann um das Nasenloch der Grundmaske kleben. Schneide die über die Nasenöffnung hinausragende Klebefläche ab. Danach kannst du die Lippen h und abschließend alle kleineren Innenstrahlen i aufbringen.

Schachtel- oder Zylindermasken

Grundlage aller dieser Masken ist der festere Tonkarton der Größe DIN A 2 = 420 x 594 mm. Allein durch ihre Größe haben diese Masken eine besonders dekorative Wirkung. Besonders der Pirat und der Dämon aus der Südsee sind so malerisch, daß sie wie eine künstlerische Plastik ein Zimmer schmücken können.

Der erste Arbeitsschritt bei allen diesen Masken besteht darin, daß du die Öffnungen für die Augen, die Nase und den Mund aus dem Tonkarton schneidest, der die Zylinderform bilden wird. Die Vorlage für die zylinderförmige Grundmaske ist für den Indianerhäuptling, den Pirat, die Kuh, den Teufel und den Dämon gleich. Die Grundform findest du beim Dämon. Nur die Ausschnittformen sind unterschiedlich. Hierzu gibt es jeweils eigene Vorlagen, nach denen du arbeiten mußt. Für die Ritter gibt es allerdings eine eigene Vorlage der Grundmaske mit angezeichneten Ausschnitten.

Am unteren Maskenrand sind immer zwei halbkreisförmige Ausschnitte vorgesehen. Sie machen es möglich, daß die Maske ziemlich sicher auf deinen Schultern sitzt. Wenn nach der endgültigen Fertigstellung der Maske die Augenöffnungen für dein Gesicht zu hoch liegen, so mußt du nur die halbkreisförmigen Einschnitte so weit vergrößern, daß die Maske tiefer in dei-

ne Schultern rutscht und Auge und Augenöffnung auf einer Höhe sind.

Das Oval für die Ohren schneidest du vorsichtig mit einer Nagelschere aus. Achtung, zum Gesicht hin gibt es aber eine Strich-Punkt-Linie! Das ist die Knicklinie, an der Ohren wie ein kleines Türchen nach vorne geklappt werden. An dieser Linie darfst du nicht schneiden!

Zum Schluß wird die große Grundmaske an der Rückseite zu einer dicken Röhre, einem sogenannten Zylinder, zusammengeklebt. Um diese lange Klebefläche zu fixieren, legst du die Maske auf eine ebene Unterlage mit dem Nachteil nach unten. Dann schiebst du in den Zylinder auf die Klebenaht ein dickes Buch oder einen anderen schweren Gegenstand, der bis zum Antrocknen des Klebstoffes mindestens fünf Minuten liegen bleiben muß.

Links oben zwei Schachtel- oder Zylindermasken, Anleitungen hierzu Seite 47 und 52. Die Anleitung zum »lustigen Mäuschen« steht auf Seite 16, zur Eule auf Seite 23.

Der große Indianerhäuptling

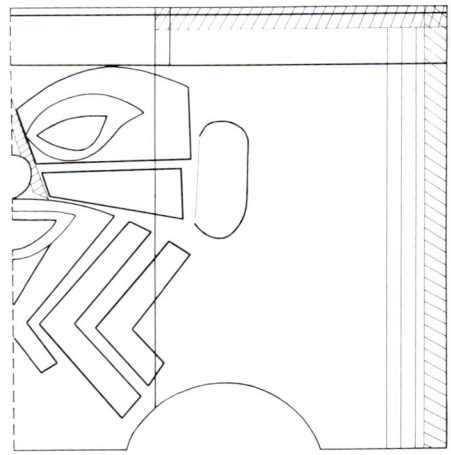

Schneide zuerst die Grundmaske a und die Nase f aus dem hellbraunen, festeren Tonkarton aus. Danach folgen die anderen Teile aus Tonpapier (schwarz: c, m, n; sonnengelb: b, l, p, r; mittelblau: g, k, r; hellblau: p; zinnoberrot: i, l; tiefrot: e, j, l, p, r; violett: h, l; pastellviolett: d, l und laubgrün: l, p, r).

Beginne an den Augen, bei denen du zuerst den gelben Augenhintergrund von b und den schwarzen Augenring c aufkleben mußt. Befestige danach die pastellviolette Verzierung um den Mund d und die Lippen e.

Vor dem Aufkleben der Nase f ritzt du die Knicklinien an und biegst die Klebeflächen nach innen. Auch an der Mittellinie wird die Nase leicht angeknickt. Die genaue Klebestelle um die Nasenöffnung ist eingezeichnet. Bringe nun nacheinander die Dekorationen g, h, i an und die roten Ohrmuscheln j auf das ausgeklappte Ohr.

Anschließend verzierst du das blaue Stirnband k ganz nach Lust und Laune mit vielen bunten Dreiecken l. Wie es aussehen kann, siehst du auf dem Foto. Lege das bereits geschmückte Stirnband aber nochmals zur Seite, denn zunächst müssen die einzelnen Papierstreifen der Haare m und das schwarze Haarband n zurechtgeschnitten werden. Das Haarband wird parallel zum oberen Rand auf die Stirn geklebt, die Haarsträhnen seitlich und hinten rund um den Kopf angebracht. Dann klebst du das blaue Stirnband k so über die Haare, daß oben noch ca. 1 cm schwarz zu sehen ist. Jetzt kannst du endlich die Maskenform auf der Rückseite zusammenkleben (siehe Einleitung).

Die echte Indianerzierde ist der Federschmuck. Zu jeder einzelnen Feder gehören zwei gleichfarbige Teile p und acht Schmuckteile r. Die Farben der vier Federn zeigt das Foto. Zwischen die beiden Hauptteile einer Feder klebst du ein Schaschlikstäbchen, mit dem die Federn dann an der Maskenform befestigt werden. Das geht am besten so:
- Lege die Maske mit dem Gesicht nach oben auf den Tisch, weil die Federn am Hinterkopf innen befestigt werden.
- Schneide einen ca. 22 cm langen und 5 cm breiten Tonkartonstreifen zurecht.
- Nun legst du die Federn in gleichmäßigem Abstand in die Zylinderform und klebst den Tonkartonstreifen über die Schaschlikstäbchen.

Und jetzt kann endlich der große Indianertanz ums Lagerfeuer beginnen!

Der einäugige Pirat

Nicht ganz einfach und sehr zeitaufwendig
Vorlagen: a bis t, Bogen D

Die Grundmaske a wird aus mittelblauem Tonkarton erarbeitet, ebenso die Nase b. Die anderen Teile schneidest du aus Tonpapier der Farben schwarz: e, f, g, h, m, n, s, t; orange: d, r; weiß: c; pink: i, k; sonnengelb: j, p und violett: l.

Diesmal beginnst du die Arbeit am Mund. Dazu klebst du zuerst das Teil c mit den Stummelzähnen um die Mundöffnung, anschließend darüber die orangefarbenen Lippen d.

Das Nasenteil b wird zunächst entlang der Strich-Punkt-Linie angeritzt, die Klebeflächen biegst du nach innen, die Mittellinie wird leicht angeknickt. Nach dem Aufkleben der Nase werden die überstehenden Klebeflächen abgeschnitten, welche die Nasenöffnung verdecken.

Die schauerlichen Augen sind für den Piraten charakteristisch. Während du über dem linken Auge nur eine Augenbraue f anbringst, klebst du auf das rechte Auge den schwarzen Augenring e, so daß die Öffnungen sich decken.

Bevor das rechte Auge ganz fertiggebastelt werden kann, klebst du nacheinander noch den Bart h, die

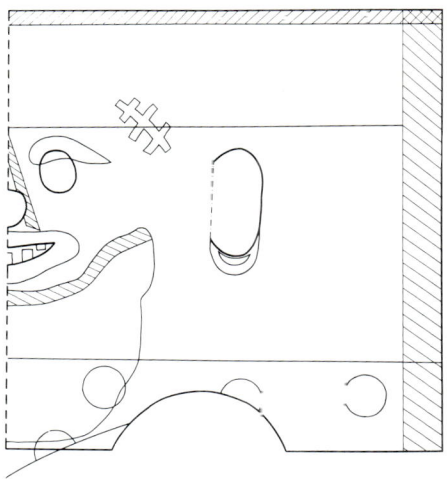

Haare m (beides nicht vergessen zu kräuseln), das pinkfarbene Tuch i mit den gelben Punkten j und die Narben k an die vorgesehenen Stellen. Die Punkte auf dem Tuch kannst du ganz beliebig anbringen. Die halbkreisförmigen Ausschnitte für die Schulter an Grundmaske und Tuch müssen aufeinander passen. Das Tuch kann vorne etwas über die untere Grundmaske reichen.

Jetzt geht es an den Ohren weiter. Auf die »Klappohren« wird jeweils das violette Teil l geklebt und durch das linke Ohr noch der Streifen p gezogen, der zu einem Ohrring geschlossen wird.

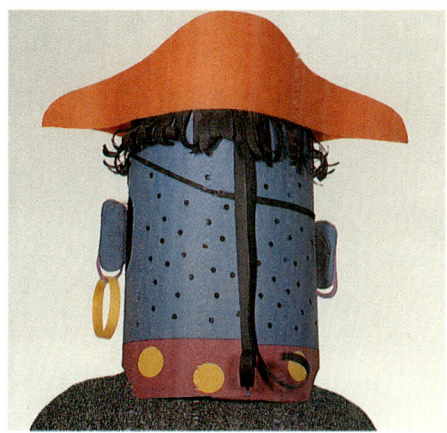

Nun kann die Maske ihre Zylinderform erhalten.

Dann geht die Arbeit wieder am rechten Auge weiter. Die tolle Augenklappe g wird beweglich mit einer Musterklammer befestigt. Dazu stichst du mit einer spitzen Schere ein kleines Loch für die Klammer sowohl durch die Augenklappe als auch durch die Grundmaske. Die genaue Stelle siehst du im Foto. Das schwarze Band, das von der Augenklappe rund um den Kopf führt, ist etwa 60 cm lang und 0,5 cm breit. Es wird mit sehr wenig Klebstoff nur an einzelnen Punkten rundum befestigt. Wie auf dem Foto ersichtlich, ist auch die Rückseite der Maske etwas gestaltet. Zuerst bringst du die beiden langen, einen Zopf andeutenden Haare n an. Da einem Pirat oft die Zeit zum sauberen Haareschneiden fehlt, sind im Nacken noch einige Stoppeln angedeutet. Es sind schwarze Punkte aus dem Bürolocher.

Fehlt zum Abschluß nur noch der orange Zweispitz r als Kopfbedeckung. Das Vorderteil ziert ein Totenkopf aus den Teilen s und t. Das Gesicht des Totenkopfes habe ich mit einem weißen Korrekturstift aufgemalt. Du kannst aber auch weiße Papierchen formen und aufkleben. Die Teile des Zweispitzes werden einzeln auf den vorderen bzw. hinteren Maskenrand auf den Haaransatz geklebt. Die seitlich abstehenden Enden werden zusammengeklebt.

So, jetzt steht einem Überfall auf die versteckten Gummibärchen in Mutters Küchenschrank nichts mehr im Wege.

Die lila Kuh

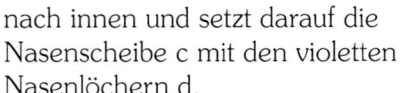

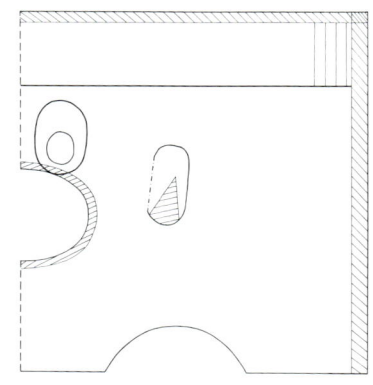

Nicht ganz einfach und sehr zeitaufwendig
Vorlagen: a bis v, Bogen D

Die Grundmaske a sowie auch die Nasenteile b und c sind aus rosafarbenem Tonkarton, die anderen Teile wieder aus Tonpapier (pastellviolett: e, f, g, h, i, j, k, s; violett: d, l, u; pink: r, v; dunkelgrün: p; weiß: n; sonnengelb: m und rosa: t).

Zuerst erarbeitest du die Nase aus den drei Teilen b, c und d. Den lan-

gen Kartonstreifen b klebst du zu einem Ring zusammen. Den steckst du in die große Nasenöffnung der Grundmaske und biegst die Klebezacken nach außen, so daß sie auf der Rückseite der Grundmaske befestigt werden können. Die anderen Klebezacken des Ringes biegst du

nach innen und setzt darauf die Nasenscheibe c mit den violetten Nasenlöchern d.

Klebe dann nacheinander alle Flecken von e bis k auf die beschriebenen Stellen bzw. so, wie sie auf dem Foto zu erkennen sind. An der Nase werden diese Flecken auch über die Kanten geklebt.

Erst danach folgt das Aufkleben der Augen l, der Blume aus den Teilen m, n, p und der Lippe r. Zuerst klebst du die Blütenteile m und n aufeinander, bevor du sie am Stengel p befestigst. Damit die Blume richtig im Mundwinkel sitzt, wird sie seitlich unter die Lippe geschoben, bevor diese festgeklebt wird.

Schneide am Haarteil v die einzelnen Haarsträhnen ein, die leicht nach innen gekräuselt werden. Das Haarteil ist genauso breit wie die Maske und wird an den oberen Rand geklebt. Dann erhält die Maske ihre Zylinderform. Unserer schönen lila Kuh fehlen nur noch die Ohren und die Hörner. Die beiden Ohrenteile s und t klebst du zuerst aufeinander und dann überlappend zusammen. Achte darauf, daß die Einschnitte am unteren Rand sich decken und nach außen gerichtet sind (siehe Foto). Die supergroßen Ohren werden auf die nach vorn geklappten kleinen Ohren am Maskenzylinder geklebt.

Das Befestigen der Hörner u ist sehr einfach. Sie werden von innen so auf die Vorderseite der Maskenform geklebt, daß sich die Hornspitzen fast berühren.

Jetzt kann die Kuh »muh« machen.

Dämon aus der Südsee

Nicht ganz einfach und sehr zeitaufwendig
Vorlagen: a bis s, Bogen D

Die Grundmaske a besteht aus tannengrünem Tonkarton, außerdem auch die Teile g und h für die Nase sowie r für die großen, spitzen Ohren.

Die übrigen Teile schneidest du aus dem Tonpapier der angegebenen Farben (orange: s; violett: b, c, d; pink: f, n; laubgrün: e, k; rot: l, m und schwarz: i, j und p).

Du beginnst die Arbeit wieder an den Augen. Auf die Grundmaske klebst du die Augenumrandung b derart, daß sich die Öffnungen überdecken. Zur Verzierung fertigst du mit einem Bürolocher einige Punkte in verschiedenen Farben an und klebst sie beliebig auf, anschließend die schwarzen Wimpern j und die grünen Augenbrauen k.

Der Mund ist ein bißchen aufwendig. Zuerst klebst du die Zahnstummel c oben und unten auf, rechts und links daneben die beiden Vampirzähne d. Jetzt schiebst du den grünen Lippenring e um die Mundöffnung und über die Zähne, und zwar so, daß die Zahnansätze verdeckt werden. Die beiden Vampirzähne müssen allerdings aus der Mundöffnung so herausgezogen werden, daß sie über die Unterlippe hinausragen.

Anschließend klebst du den gewaltigen Schnurrbart f auf, bevor es an die Nase aus den zwei Tonkartonteilen g und h und mit beiden kleinen Nasenlöchern i geht. Den Streifen g verklebst du zu einem Ring, nachdem du beide Reihen der Klebezacken nach innen abgebogen hast. Die eine Seite der Klebezacken nimmt die Nasenplatte h mit den beiden Nasenlöchern i auf, mit den anderen Zacken wird die fertige Nase um das Nasenloch geklebt. Du kannst die Klebezacken mit einem Griff durch das Nasenloch hinten gut festdrücken.

Es folgt das Aufkleben des Feuerbartes l und des roten Haarkranzes m mit nach oben gerichteten und gekräuselten Strähnen. Auch die beiden Riesenohren aus den Teilen r und s werden zuerst übereinander, danach auf die Klappohren der Grundmaske geklebt.

Jetzt erhält die Maske durch das Zusammenkleben ihre Zylinderform, so wie es vorher bereits beschrieben wurde.

Das, was pinkfarben hinter den Ohren hervorlugt, ist der große Stehkragen n eines Umhanges, der mit fünf schwarzen Streifen verziert ist. Er wird einfach auf die Rückseite der Grundmaske geklebt, damit diese Seite nicht so langweilig aussieht.

Das Fangspiel »Wer fürchtet sich vor dem Schwarzen Mann«? könnt ihr jetzt umtaufen in: »Wer fürchtet sich vor dem Dämon aus der Südsee?«.

51

Ritterhelme für Kunibert und Kunigunde

**Nicht ganz einfach und zeit-
aufwendig
Vorlagen: a bis f, Bogen C**

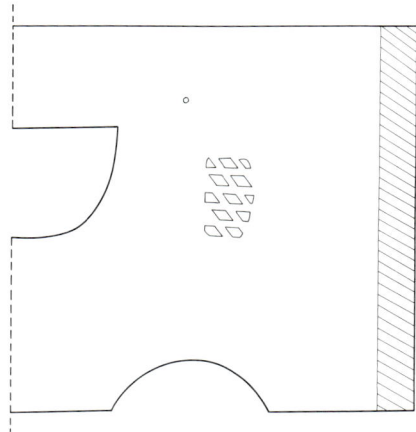

Zwei tolle Masken für den tapferen Ritter und die fesche Rittersfrau. Beide Masken haben den gleichen Aufbau bei Grundmaske und Visier. Vorweg zur Beachtung: Bei Glanzkarton splittert die Farbe leicht ab, deshalb sehr vorsichtig sein beim Anritzen und Schneiden.

Und nun zum gleichartigen Aufbau. Grundmaske a und die Teile für das Visier b und Nase c werden aus dem silbernen oder kupfernen Glanzkarton geschnitten. Die Knicklinien der Nase werden sorgfältig angeritzt, die Klebeflächen nach innen gebogen und die Mittellinie vorsichtig angeknickt, damit keine Farbe abspringt. Die Nase wird auf das Visier geklebt, überstehende

Klebeflächen abgeschnitten. Zum Befestigen des Visiers werden an den vorgeschriebenen Stellen mit einer spitzen Schere kleine Löcher in das Visier und die Grundmaske gebohrt, die anschließend zum Zylinder zusammengeklebt wird. Mit zwei Musterklammern wird das Visier am Maskenzylinder zum Auf- und Zuklappen beweglich befestigt. Bis auf das schmückende Blumenteil d am Visieranschluß ist Kunigundes Helm mit dem von Kunibert bis hierher gleichartig gebaut.

Schlußarbeiten an Kundigundes Helm

Eine große blaue Feder schmückt ihren Helm. Es ist das Teil e aus eisblauem Tonpapier, das an der Mittellinie aufeinandergefaltet und genau nach der Vorlage eingeschnitten wird. An der Mittellinie

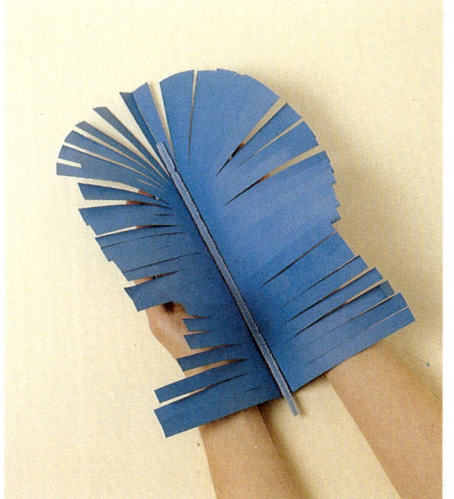

ergeben sich schmale Streifchen und von außen her die mehr als doppelt so breiten Streifen. Jetzt wird die so entstandene Papierfeder noch einmal auseinandergefaltet und als durchgehender, verstärkender »Federkiel« ein etwa 6 mm dicker und etwa 30 cm langer Draht eingeklebt. Das noch überstehende Drahtende wird mit einem Kartonstreifen von innen an den hinteren Rand des Maskenzylinders geklebt.

Schlußarbeiten an Kuniberts Helm

Er ist bekanntlich im Grundaufbau gleich dem von Kunigunde. Statt eines Federbusches als Helmzier wird dieser Helm von einem stumpfen Kegel abgeschlossen, was ihn sehr drohend und nicht mehr so fröhlich aussehen läßt. Dieser Kegel, Teil l, wird zuerst überlappend zusammengeklebt. Dann erst erfolgt das Einkleben von oben in den Maskenzylinder. Bei dieser Arbeit ist es sehr nützlich, wenn noch jemand beim Halten behilflich ist. Das Einkleben erfolgt so, daß noch kleine spitze Luftschlitze offenbleiben, während sich die Klebeflächen aufgrund ihrer Form im Inneren des Zylinders leicht überlappen können.

Beide Helme sind jetzt fertig. Auf, auf zum großen Ritterfest!

Der rote Teufel

zustande, weil der vorgesehene Platz zum Aufkleben um das Auge schmäler ist als das jeweilige Augenteil. Vielleicht übst du zuerst einmal mit einem x-beliebigen Stück

Papier, damit die Augenwölbung mit dem richtigen Tonpapier dann auch wirklich gut aussieht.

**Nicht einfach und sehr zeit-
aufwendig
Vorlagen: a bis n, Bogen D**

Bei dieser Maske ist nur ein Tonkarton in tiefrot für die Maskengrundform a nötig sowie Tonpapier in der gleichen Farbe für die Teile f, g und l. Die Teile in Schwarz sind: b, c, d, e, h, i, j, k, m und n.

Wenn alle Teile ausgeschnitten sind, beginnst du mit den Augen. Sie bestehen aus den zwei Teilen b und c und sind ein bißchen komplizierter aufzukleben als gewohnt, denn sowohl Ober- als auch Unterteil erhalten eine Wölbung. Du darfst deshalb mit Hilfe eines Streichholzes ganz begrenzt nur den äußeren Rand mit Klebstoff bestreichen und befestigst zuerst das untere Teil b und dann das obere c. Die gewölbte Form kommt